Jan-Hendrik Warrelmann

Paralympics: Die Olympiade für Menschen mit Beeinträchtigungen

GRIN Verlag

Bibliografische Information der Deutschen Nationalbibliothek:

Die Deutsche Bibliothek verzeichnet diese Publikation in der Deutschen National-
bibliografie; detaillierte bibliografische Daten sind im Internet über http://dnb.d-
nb.de/ abrufbar.

Impressum:

Copyright © 2011 GRIN Verlag, Open Publishing GmbH
Druck und Bindung: Books on Demand GmbH, Norderstedt Germany
ISBN: 978-3-656-12507-5

Dieses Buch bei GRIN:

http://www.grin.com/de/e-book/188624/paralympics-die-olympiade-fuer-menschen-
mit-beeintraechtigungen

GRIN - Your knowledge has value

Der GRIN Verlag publiziert seit 1998 wissenschaftliche Arbeiten von Studenten, Hochschullehrern und anderen Akademikern als eBook und gedrucktes Buch. Die Verlagswebsite www.grin.com ist die ideale Plattform zur Veröffentlichung von Hausarbeiten, Abschlussarbeiten, wissenschaftlichen Aufsätzen, Dissertationen und Fachbüchern.

Besuchen Sie uns im Internet:

http://www.grin.com/

http://www.facebook.com/grincom

http://www.twitter.com/grin_com

Coverbild: pixabay.com

Paralympics

Die Olympiade für Menschen
mit Beeinträchtigungen

Abgabetermin:

1) Logo der paralympischen Spiele, Quelle:
   http://www.paralympic.org/export/sites/default/IPC/Reference_Documents/2008_04_Annual_Report_2007_sm
   all.pdf

Gliederung der Facharbeit mit dem Thema „Paralympics"

1. Einleitung

Als Thema für meine Facharbeit habe ich „Paralympics" gewählt, da ich in einem Wohnheim für Behinderte Menschen arbeite und es mich tagtäglich aufs neue fasziniert, zu welchen Höchstleistungen gehandicapte Menschen im Stande sind. Da ich mich für Sport interessiere, wollte ich mich mit einem Thema beschäftigen, was sportliche Höchstleistungen und Behinderungen vereint. Wenn man die Medaillenspiegel der letzten paraolympischen Sportjahre betrachtet, kann man erahnen, zu welchen sportlichen Höchstleistungen Menschen trotz ihrer Beeinträchtigungen imstande sind. Trotz dieser Höchstleistungen, die häufig die Fähigkeiten von Menschen ohne Beeinträchtigungen übertreffen, wird diesen Sportlern und den Paralympischen Spielen leider bei weitem nicht der Respekt gezollt, den sie eigentlich verdient hätten. Das ist ein weiterer Grund, warum ich dieses Thema gewählt habe, da ich mich mehr über diese Ausnahmesportler informieren möchte, um so Menschen ohne Beeinträchtigungen fundierte Hintergrundinformationen und Fakten näher bringen zu können. Dabei habe ich mich besonders auf die paralympischen Sommerspiele bezogen, da dieses Thema so viele unterschiedliche Facetten bietet und die paralympischen Sommerspiele die meiste öffentliche Aufmerksamkeit erregt.

2. Paralympics im Allgemeinen

2.1. Geschichte der Paralympics

Der Begriff „Paralympics" bedeutet, dass diese Spiele parallel zu den Olympischen Spielen stattfinden und so direkt mit den Olympischen Spielen verknüpft sind. Deswegen werden sie häufig auch Parallel-Olympics oder Para-Olympics genannt. Der Begriff leitet sich nicht, wie oft fälschlich gedacht von „Paralysis"=(lat. Lähmung) und Olympics ab.

Den Grundstein für die Paralympics legte Sir Ludwig Guttmann 1948 in London. Zu dieser Zeit fanden die ersten Olympischen Spiele nach dem zweiten Weltkrieg statt. Auch gab es bei diesen Spielen zum ersten Mal Rollstuhl-Spiele, damals noch als eine Art Therapiemaßnahme für Behinderte Menschen, statt.

Da diese internationalen Rollstuhl-Spiele großes Interesse und Teilnahme erweckten, ebneten diese Spiele so den Weg für die ersten offiziellen Paralympischen-Spiele 1960 in Rom.

Bei den ersten offiziellen Paralympischen Spielen in Rom nahmen 23 Länder mit insgesamt 400 Sportlern teil. Dies waren die ersten Paralympischen Spiele, die gleichzeitig mit den Olympischen Spielen in derselben Stadt abgehalten wurden.

Im Jahre 1964 wurden die zweiten Paralympischen Spiele in Tokio veranstaltet. In diesem Jahr nahmen 370 Sportler aus 22 Ländern teil. Im selben Jahr wurde die „International Sports Organisation for the Disabled", oder kurz die „ISOD" gegründet. Nach diesen Spielen stieg die Zahl der Sportler mit Beeinträchtigungen, die alle 4 Jahre gegeneinander antreten kontinuierlich an.

In Tel Aviv (Israel) traten 1968 bereits 750 Sportler aus 29 Ländern gegeneinander an.

Die ersten Paralympics in Deutschland, fanden 1972 statt. An diesen Spielen nahmen 1000 Athleten aus 44 Ländern teil. Zum ersten Mal durften Sehbehinderte antreten, was später zu einer Integration derselbigen führte.

Bei den Spielen 1976 in Toronto (Kanada) nahmen 1600 Sportler teil und in diesem Jahr wurden auch Athleten mit Amputationen oder Sehbehinderungen offiziell für die Paralympischen Spiele zugelassen und wurden somit ein fester Bestandteil dieser.

Das Jahr 1980 war ein trauriges Jahr für die Paralympics, da ihr „Vater" Sir Ludwig Guttmann verstarb. Trotzdem nahmen in diesem Jahr 2000 Athleten teil und zum ersten Mal wurden auch Sportler mit Cerebralparetik zugelassen.

Das „International Coordinating Committee of World Sport Organisation for the Disabled", kurz „ICC" wurde im Jahre 1982 gegründet. Das „ICC" übernahm die Organisation der folgenden Paralympischen Spiele.

1984 fanden zum ersten Mal getrennte Spiele in New York und Stoke Mandeville (England) statt. Zusammen wurden 4000 aus 40 Ländern gezählt.

Zum ersten Mal in der Geschichte der Paralympics wurden diese 1988 in Seoul (Korea) in den gleichen Sport- und Trainingsstätten ausgetragen, wie die Olympischen Spiele. Die Paralympischen Spiele wurden professionalisiert und die paralympischen Athleten wohnten in den gleichen Einrichtungen wie ihre Olympischen Kollegen.

1992 wurden die Spiele in Barcelona ausgetragen und sprachen dort zum ersten Mal ein größeres Publikum an. Insgesamt sahen 1,5 Millionen Zuschauer bei diesen Paralympics zu. Das ICC wurde durch das „International Paralympic Committee" kurz „IPC" ersetzt und die Paralympics erhielten ihr erstes eigenes TV-Logo.

1996 fanden die Spiele in Atlanta (USA) statt. Es traten 3310 Sportler aus 103 Ländern gegeneinander an. In diesem Jahr gab es mehr Disziplinen als vorher, wie zum Beispiel Rugby und Segeln und es wurden viele Weltrekorde gebrochen.

Im Jahre 2000 nahmen 4000 Athleten aus 125 Ländern an dem großen Wettkampf in Sydney teil.

2004 traten in Athen ebenfalls 4000 Sportler - nun aber aus 144 Ländern - an. Zum ersten Mal in der Geschichte der Paralympics brauchten die Athleten nun nichts mehr für ihre Teilnahme zu bezahlen. Sie wohnten im paralympischen Dorf, welches funktional an die Bedürfnisse von beeinträchtigten Menschen angepasst war.

Bei den Paralympics 2008, in der chinesischen Hauptstadt Peking, traten 3951 Sportler in 472 Wettkämpfen in 20 Sportarten gegeneinander an.

Die nächsten Paralympics finden 2012 in ihrem Heimatland England, statt. Sie finden vom 29. August 2012 bis zum 09. September 2012 in London statt. Zum ersten Mal werden die Paralympischen Spiele mit den Olympischen Spielen gemeinsam geplant. Bei den Sommerspielen werden 4200 Sportler aus 150 Ländern teilnehmen.

2.2. Die Historie der Logos der Paralympics

1980 übernahm Julio Antonio Samaranch die Führung des IOC. Samaranch versuchte das Emblem der Olympischen Spiele, die 5 Ringe, meistbietend zu verkaufen. Da die Paralympics schon jahrelang dieses Emblem mit benutzte, besaß er nicht die Exklusivrechte, die für einen Verkauf von Nöten waren. In den folgenden Jahren brach ein Streit um die Vermarktung des Emblems und den daraus resultierenden Missbrauch aus. Im Jahre 1988 wurde das Emblem mit den 5 Ringen von der „IPC" durch 5 Tränen, die die gleichen Farben trugen und ähnlich angeordnet waren, wie die 5 Ringe, ersetzt. Dies erschwerte dem „IOC" aber immer noch die Vermarktung ihres Emblems mit den 5 Ringen und aus diesem Grund drohte der Chef der „IOC", Samaranch, dem „IPC" mit der Entziehung von finanziellen Mitteln. Aus diesem Grund änderte das „IPC" ihr Emblem für die Paralympics in die Tränen mit den Farben Rot, Grün und Blau. Dieses wurde von 1994 bis 2004 verwendet. Seit dem Jahre 2004 bis Heute, verwendet das „IPC" freiwillig, das Logo mit 3 farbigen Bögen und dem Schriftzug „IPC"

2.3. Das Motto der Paralympics

Die Paralympics finden heute an den selben Orten und nur kurz nach den Olympischen Spielen statt. Da die Paralympics der größte internationale Spitzenwettbewerb für die besten Sportler mit Behinderungen sind, werden sie mit dem gleichen Ehrgeiz ausgetragen wie die Olympischen Spiele. Das Motto der Paralympics, welches von den Sportlern und Freiwilligen unterstützt wird, lautet: „Never Say Can't"[(Quelle: www.paralympics.org)].

Die Grundidee der Paralympics ist die allgemeine Akzeptanz beeinträchtigter Menschen und deren Anstrengung und Zielen.

Oberstes Gebot der Paralympics ist, dass seine Teilnehmer nicht als Behinderte Menschen, sondern als Athleten anerkannt werden und so ihre Reise zu den Wettkämpfen antreten.

3. Sportarten

Die Paralympics bestehen aus 18 verschiedenen Sportarten, von denen 14 auch olympische Disziplinen sind. Diese Sportarten sind: Boccia, Basketball, Bogenschiessen, Fußball, Fechten, Goalball, Gewichtheben, Judo, Leichtathletik, Reiten, Radsport, Rollstuhl-Rugby, Sportschiessen, Schwimmen, Segeln, Tischtennis, Tennis und Volleyball (im Sitzen oder Stehen).

3.1. Beschreibung der Disziplinen

Boccia: Gleicht genau der „Nichtbeeinträchtigten" Version des Spiels.

Basketball: Am weitesten verbreitet ist das Rollstuhl-Basketball. Es wird nach den Regeln des „IWBF" (International Wheelchair Basketball Federation) gespielt. Die Teams bestehen aus fünf Spielern und das Feld und die Körbe sind dem „normalen" Basketball angepasst. Die verschiedenen Behinderungsarten werden in Klassen, je nach Schwierigkeitsgrad der Behinderung, mit einer Einstufung von 1- 4,5 Punkten eingeteilt.

Bogenschiessen: Das Bogenschiessen ist bei den Paralympics eine der ältesten Disziplinen. Es existiert schon seit 50 Jahren. Das Regelwerk der Athleten entspricht dem des Olympischen Komitees.

Tischtennis: Tischtennis wird in 2 Bereiche aufgeteilt. Einmal das Tischtennis für Rollstuhlfahrer und einmal das für die Menschen mit Amputationen.

Fechten: Die Sportler fechten mit speziell für diesen Zweck hergestellten Rollstühlen und erreichen so eine Bewegungsfreiheit des Oberkörpers, die der Dynamik des traditionellen Fechten sehr nahe kommt.

Fußball: Fußball ist eine Disziplin für Menschen mit einer geistigen Beeinträchtigung und entspricht dem traditionellem Regelwerk.

Gewichtheben: Das Gewichtheben wird ausschließlich in der Disziplin „Bankdrücken" ausgetragen und wird in verschiedenen Gewichtsklassen unterschieden.

Leichtathletik: Diese Disziplin ist in 5 große Wettkampfklassen aufgeteilt. In diesen Wettkampfklassen gibt es separate Medaillenentscheidungen. Diese 5 Klassen sind: Cerebralparetiker, Blinde/Sehbehinderte, Rollstuhlathleten, geistig Behinderte, Menschen mit Amputationen.

Radsport: Es gibt für die Sportler, je nach Grad der Beeinträchtigung, spezielle Fahrräder. In der Klasse der Sehbehinderten fahren die Sportler auf Tandem-Rädern jeweils mit einem sehenden Teamkameraden.

Reiten: Das Reiten beschränkt sich auf die Disziplin „Dressur" und steht allen Beeinträchtigungsgruppen offen.

Rollstuhl-Rugby: Die Spielidee des Rollstuhl-Rugby ist eine Mischung aus Basketball, amerikanischem Football und Schach. Die speziell für diesen Sport angefertigten Rollstühle besitzen eine massive Schutzverkleidung, damit auch ein hartes „Blocken" der Gegner möglich wird.

Schwimmen: Das Schwimmen ist eine der ältesten Disziplinen der Paralympics, da es seinen Ursprung in der Physiotherapie und der Rehabilitation von beeinträchtigten Menschen hat. Die körperlich beeinträchtigten Menschen haben beim Schwimmen, aufgrund der Eigenschaften des Wassers, die Möglichkeit diese Sportart auch ohne Prothesen oder sonstige technische Hilfsmittel auszuführen. Nur sehbehinderte Menschen haben die Möglichkeit taktile Hilfsmittel wie zum Beispiel für die Wende zu benutzen. Bei dem Start beginnen die Sportler je nach Grad ihrer Beeinträchtigung im Wasser oder auf dem Startblock. Ansonsten gelten die normalen Regeln des internationalen Schwimmverbandes.

Segeln: Die ein Mann Jolle und das 3-Mann Crewboot sind die beiden Bootsklassen des Segeln. In dieser Sportart dürfen auch unterschiedliche Formen von Beeinträchtigungen gegeneinander antreten.

Sportschießen: Das Sportschießen umfasst Luftgewehr, Kleinkaliber, Gewehr und Sportpistole. Die Sportler müssen die gleichen Eigenschaften erbringen wie nicht beeinträchtigte Sportler. Also, technisches Verständnis für das Sportgerät, absolute Konzentration und ein hohes Maß an Willensstärke.

Tennis: Das Tennis unterliegt den Regeln der internationalen Tennis Federation. Die einzige Ausnahme betrifft die Athleten in Rollstühlen, da diese den Ball zwei Mal aufspringen lassen dürfen.

Volleyball stehend: Die stehende Variante entspricht dem Volleyball für nicht beeinträchtigte Menschen. Die Klassifizierung erfolgt in drei Gruppen. A, B und C. Die Teams, die gegeneinander antreten müssen mindestens einen Athleten der Klasse C beinhalten und dürfen maximal einen Athleten der Klasse A besitzen.

Volleyball sitzend: Das Volleyball im Sitzen wird nach den Regeln des WOVD (World Organisation Volleyball for Disabled) gespielt. Es ist eigentlich weitgehend identisch mit den Regeln des normalen Volleyball. Einer der grundlegenden Unterschiede ist, dass auf einem verkleinerten Spielfeld gespielt wird. Das kleinere Spielfeld macht das Spiel aber um einiges schneller und dynamischer, was bei den Zuschauern immer sehr gut ankommt.

3.2. Klassifizierung der Beeinträchtigungen.

In den meisten Disziplinen nehmen die Athleten entsprechend ihrer Beeinträchtigungen teil und treten meist auch nur gegen ähnlich beeinträchtigte Sportler an. (Ausnahmen sind Disziplinen wie Segeln, in denen verschiedene Behinderungsgrade gegeneinander antreten dürfen.) In Deutschland prüfen Ärzte und autorisierte Klassifizierte noch einmal die Ergebnisse der Athleten. Es gibt nationale und internationale Klassifizierungen, doch für die Paralympics gelten die internationalen Bestimmungen.

3.2.1. Amputierte: In diese Klassifizierung fallen Sportler, denen mindestens ein Hauptgelenk in einem Glied fehlt. Manche Sportler mit Amputationen nehmen auch als Rollstuhlathleten teil.

3.2.2. **Cerebralparetik**: In diese Klasse treten Sportler gegeneinander an, die Beeinträchtigungen in der Haltung oder im Bewegungsablauf haben, die durch ein oder mehrere Schädigungen der Steuerzentren im Gehirn haben.

3.2.3. **Sehbehinderte**: In diese Klasse fallen Athleten mit verschiedenen Graden von Sehbehinderungen, bis hin zu völligen Blindheit.

3.2.4. **Rollstuhl-Athleten**: Folgende Beeinträchtigungen fallen unter diese Behinderungsklasse: Para- und Tetraplegie (alle Formen der Querschnittslähmung) Spina Bifida, Poliomyelitis, Amputierte, Cerebralparese ' und alle nicht gehfähigen "Les Autres"-Athleten.

3.2.5. **"Les Autres"**: Der Begriff „Les Autres" kommt aus dem Französischen und bedeutet „Die Anderen". Dieser Begriff umschreibt Beeinträchtigungen, die den Bewegungsapparat betreffen, jedoch nicht in eine der anderen Klassifizierungen hinein passen.

4. Interview mit Jochen Wollmert, geb. 24.11.1964

Jochen Wollmert ist von Geburt an Arthrogryposis multiplex congenita erkrankt.

Die Erkrankung entsteht in der 8. bis 11. Schwangerschaftswoche. Es kann einzelne Gelenke betreffen bis hin zu Organ- und Gehirnbeteiligung!

Es finden sich Veränderungen der Muskeln, Sehnen und vor allem des Bindegewebes mit Folgen für die Gelenkkapseln und die Mobilität der Gelenke! Die Muskeln der betroffenen Gelenke sind unterentwickelt und somit kraftlos.

Jochen Wollmert hat eine Versteifung der Hand- und Fußgelenke.

Jochen Wollmert spielt derzeit in der Oberliga TTVWH für den TSG Heilbronn

- im Behindertensport für den BS Solingen
- Trainer ist Volker Ziegler

Ich habe das anschließende Interview mit Jochen Wollmert im Tischtenniszentrum Böblingen, am 28.12.2011 geführt. Meine Fragen, die ich dem Herrn Wollmert gestellt habe, habe ich fett markiert.

Wie ich gelesen habe, bist Du erst mit 17 zum Tischtennis gekommen, warum so spät?

Ich hab wie jeder Jugendliche erstmal alle Sportarten ausprobiert. Tischtennis war dann für meine Behinderung am Besten!

Gab es zu der Zeit schon Behindertensport?

Ja, aber noch nicht so verbreitet wie heute! Ich hab 1986 angefangen mich mit Behindertensport zu beschäftigen und hab versucht mal ein paar Vorstandsmitglieder ans Telefon zu bekommen (es gab damals noch kein Internet). Das hat ewig gedauert, die Nummern in Erfahrung zu bringen und bis man dann überhaupt jemanden erreicht hat....

Wie ging es dann weiter?

Ich hab 1987 meine 1. Deutsche Einzelmeisterschaft gespielt und den 4. Platz gemacht.

1988 dann den 2 Platz bei der Einzelmeisterschaft, es reichte aber nicht mehr aus um für Soul nominiert zu werden!

1989 war dann mein 1. Deutscher Einzelmeister und im gleichen Jahr bin ich auch Europameister geworden

Inzwischen bin ich 10 mal Europameister, 6 mal Weltmeister, 37 mal Deutscher Meister geworden und 4 mal Gold bei den Paralympics.

Gab es damals schon Talentsichtung oder wie funktionierte das mit der Zulassung für die Paralympics?

Nein, zu der Zeit hab ich noch in Wuppertal gewohnt und es hat nur der Sportbund gelistet wer zu den Paralympics fährt.

Wie funktioniert Heute eine Nominierung?

Seit 2000 geht es über die Weltranglistenplätze, wer am meisten EM, WM; LM gewonnen hat wird nominiert. Oder aber auch der 1. der Weltrangliste oder ein Kontinentalmeister wird direkt nominiert.

Tischtennis ist bei den Paralympics in 2 Teile geteilt,

Rollstuhlfahrer/Amputierte (Les Antres, die Übrigen). Wie funktioniert in Ihrer Gruppe die Aufteilung?

Ich gehöre zu den Fußgängern, d.h. Es wird unterteilt. Die Gruppe 6-10
Die Gruppe 6 haben die größten Behinderungen,
Ich gehörte zur Gruppe 7
In der Gruppe 10 befinden sich dann Menschen, die durch eine Amputation noch Gleichgewichtsstörungen haben.
Gruppe 1-5 sind die Rollstuhlfahrer! Da haben die in der Gruppe 1 die schwersten Behinderungen (Ab HWS querschnittsgelähmt) Gruppe 5 haben noch volle Funktionsfähigkeit in der Bauchmuskulatur und sind dann nur an den unteren Extremitäten gelähmt.

Wie sieht Deine Vorbereitung auf die Paralympics aus?
Ich fange ungefähr 8 Monate vorher intensiv an zu trainieren. D.h. 4- 5 mal in der Woche Tischtennis (so wie Heute 2.5 – 3 h) Dann kommt noch Radfahren auf dem Hometrainer dazu und Physiotherapie (ganz wichtig für meine versteiften Gelenke).

Das macht so 14-16 Stunden pro Woche. Natürlich gibt es auch noch div. Lehrgänge von der Nationalmannschaft, die man dann von Freitags bis Samstags besuchen muss.

Wie viel Personen gehören zu einer Mannschaft bei Olympia?

In meiner Klasse 7 sind es 18 Personen.

Wie waren Deine Platzierungen in den letzten Jahren?

Ich war über 10 Jahre die Nr. 1 der Weltrangliste. Da ich in den letzten Jahren nicht mehr so aktiv war, bin ich auf Platz 4 gerutscht.

Wie funktioniert das Sponsoring bei Euch Sportlern mit Beeinträchtigungen?

Der Deutsche Sportbund zahlt von 6 Turnieren die man bestreiten muss 1-2.
Es gibt dann auch mal den ein oder anderen privaten Sponsor, aber in der Regel muss man alles selber zahlen. Ich muss mir Urlaub nehmen und auch die Fahrten zu den Trainingsstätten selber finanzieren. So eine Vorbereitung auf die Paralympics kostet mich im Schnitt 10 000 Euro.

Was bekommt man denn für eine Goldmedalie?

Von der Sporthilfe bekommt man 4500 Euro Da sieht es in den anderen Ländern aber ganz anderes aus als in Deutschland. Als ich bei der letzten Olympiade im Finale den Chinesen geschlagen habe, hab ich ihn um eine lebenslange Rente und ein Haus gebracht. Die Türken bekommen für eine Goldmedaille 500 000 Euro. Auch die Vereinten Emirate zahlen super....

Wie sieht es bei den Paralympics mit Dopingkontrollen aus?

Die NADA (Nationale Anti Doping Agentur) weiß besser wo ein Sportler zu finden ist wie man selbst. Dann kommen sie vorbei und weichen nicht von Deiner Seite, bis du 75 ml in ein Röhrchen gepinkelt hast. Ich hatte es mal, dass ein Sportkollege nur 50 ml Urin lassen konnte. Ich stand auch vor der Toilettentür zur Überprüfung, aber ich durfte erst in die Toilette mit meinem Begleiter, als mein Kollege seine kompletten 75 ml Urin abgegeben hatte.
Aber es gibt auch durchaus bei den Paralympics Dopingfälle. In manchen Ländern geht es halt um viel.....

Wann geht's nach London?

Ich glaub am 29. 08.2012 ist die Eröffnungsfeier und die Paralympics gehen bis zum 09.09.2012

Was kommt nach London?

Oh, dass kann ich noch nicht sagen! Eigentlich hatte ich vor nach London aufzuhören.

Und dann?

Tja, da hab ich auch noch nicht so ein genaues Ziel vor Augen, mal sehen ob ich mich nochmal 4 Jahre motivieren kann. Ich weiß es nicht.

Wie sieht Dein Trainingsplan außerhalb Olympiavorbereitung aus?

Ich trainiere 2 mal in der Woche mit gesunden, ganz normal in meinem Verein.

Wie motivierst Du Dich?

Sport ist meine Motivation, da geht der Kopf frei!!!!

Dann bedanke ich mich ganz doll bei Dir, für das Interview! Ich werde natürlich im August am Bildschirm dabei sein!
Viel Erfolg!!

5. Mein Fazit

Zu guter Letzt komme ich nun zu meinem Fazit. Ich hatte mich für das Thema „Paralympics" entschieden, da ich in meiner Jugend ebenfalls sehr aktiv im Leichtathletik war und aus diesem Grund weiß, wie schwierig dieser Sport ist. In der Vergangenheit habe ich zu den Olympischen Spielen, auch die „Paralympics" verfolgt, aber leider nie wirklich einen Bezug dazu herstellen können. Nach den Recherchen über dieses Thema für diese Facharbeit und besonders das Interview mit Jochen Wollmert, hat sich das grundlegend geändert! Die sportlichen Leistungen die dort jeder Athlet, trotz seiner Beeinträchtigung erbringt, sind oft einfach faszinierend und unglaublich! Das erlebe ich aber auch tagtäglich in dem Heim für behinderte Menschen, indem ich arbeite. Was ich, zu meinem Bedauern ebenfalls bei meinen Recherchen zu dieser Facharbeit erfahren musste war, das diesem Sport, vor allem aber diesen unglaublichen Sportlern, gerade hier in Deutschland nicht der Respekt und die Aufmerksamkeit gezeugt wird, die er verdient. Das habe ich auch in dem Gespräch mit Herrn Wollmert gemerkt, als dieser mir verriet, was andere Länder ihren Sportlern für großartige Leistungen offerieren und was Athleten aus unserem, eigentlich so fortschrittlichen Lande, für ihre ohne Frage großartigen Leistungen bekommen. Mit dieser Facharbeit würde ich gerne erreichen, dass diese Menschen die Aufmerksamkeit bekommen, die sie Verdienen, denn es unterscheidet sie nichts im Vergleich zu nicht Beeinträchtigten Menschen, außer vielleicht diese unglaublichen Sportleistungen, die sie vollbringen. Auch wenn ich mit dieser Facharbeit leider nicht jeden Menschen erreichen werde, haben die paralympischen Spiele in mir auf jeden Fall, einen neuen begeisterten Verfolger gefunden. Abschließend würde ich mich gerne bei meiner Tante Dörte Tönjes und vor allem bei Jochen Wollmert für das überaus aufschlussreiche und wirklich interessante Interview bedanken!

6. Literaturverzeichnis

Hrsg. Deutscher Behinderten-Sportverband, Paralympics Sydney 2000 Join the Paralympic Family

http://www.dbs-npc.de/DesktopDefault.aspx
(Internetauftritt des Deutschen Behindertensportverbandes)

http://www.paralympic.org/index.html
(offizieller Internetauftritt der Paralympics)

Hrsg. Deutscher Behinderten-Sportverband, Paralympics Power von Sydney nach Salt Lake City

Hrsg. Süddeutsche Zeitung Andrew Jennings, Zuviele Tränen für den Herrn der Ringe

Anhang

(Jochen Wollmert, selbstgemachte Foto's mit Einverständniss zur Veröffentlichung von Herrn Wollmert am 28.12.2011 / Böblingen)